「好き」を貫く 牧野富太郎の言葉

「言葉と植物

Words of Tom

Language and Plan

青春出版社

はじめに

好きでたまらないことがたったひとつでもあれば、その人生はどれほど幸せでしょうか。睡眠よりも食事よりも大事な「好きなこと」があれば、空しくなることも、孤独を感じることも少ないかもしれません。

牧野富太郎にとっての植物は、好きを通り越して「唯一の宗教だ」とまで言わしめるほどの深い愛の対象だったようです。

好きが高じてほぼ独学で植物学を身につけ、植物研究と植物知識の普及に明け暮れた――。牧野の人生は94歳でその幕を閉じるまで、植物とともにありました。

本書は、植物への「好き」を貫いて生きた牧野富太郎の言葉を集めたものです。

牧野といえば、緻密な植物図が有名ですが、植物にまつわるものだけでなく、自伝やエッセイなど多くの著作を残した人でもあります。

牧野が残した言葉からは、好きなものと生きる喜び、人生を楽しむ活力がひしひしと感じられます。もちろん、著作の中には、貧乏生活のつらさを訴える言葉、大学で受けた仕打ちへの悔しさなど、怒りや悲しみの言葉も残されていますが、それも鬱屈とした書きぶりではなく、どこか明るく思えるのが不思議です。

植物の繊細な描写から自身の喜怒哀楽まで、鮮やかに対象を表現した、その言葉の一つひとつが、牧野の生き方を表しているといえるでしょう。

ただ、牧野の生き方は非常に型破りなもので、まわりの人や家族はさぞ苦労したと思われます。それでもなお、周囲から支えられ、慕われていたことを思うと、そこに人柄以上の不思議な魅力があったのだろうと思わざるを得ません。

言葉を通して見えてくる牧野のひたむきな生き方は「もっと自由に、楽しく、自分の人生と向き合っていいんだよ」と、今を生きる私たちの背中を押してくれるようにも思えます。

どうぞ好きなところから今の気分に合わせてお読みください。きっとあなたにぴったりのメッセージが見つかるはずです。

本書が、牧野富太郎という人物を知るひとつのきっかけになり、彼の言葉を味わう中で、少しでも前向きな気持ちになっていただければ幸いです。

牧野富太郎ってこんな人❶

植物一筋94年

日本の植物分類学の父と呼ばれる

小学校は
嫌になって中退

絵の才能も抜群

子どもは
なんと13人

植物の本を作るために
印刷を勉強

最終学歴「小学校中退」で
理学博士に

酒造生まれなのに
お酒は飲まない

収集した
植物標本は40万点

牧野富太郎ってこんな人❷

1500種類以上の
植物を命名

80代で虫歯なし、
老眼鏡いらずの
健康体

自称、植物の精!?

年表で見る牧野富太郎

1862年——土佐国高岡郡佐川村で酒造を営む裕福な商家の一人息子として生まれる

1868年 6歳—祖父病死。父も母も亡くしていたため、祖母に育てられる

1876年 14歳—小学校を2年で自主退学

1884年 22歳—上京し、東京大学理学部の植物学教室に出入りするように

1888年 26歳—壽衛と東京に所帯をもつ

1893年 31歳—帝国大学理科大学の助手となる

1900年 38歳—『大日本植物志』第一巻第一集を発行する

1912年 50歳—東京帝国大学理科大学講師となる

1926年 64歳—現在の練馬区東大泉に居を構える

1927年 65歳—理学博士の学位を受ける

1928年 66歳 ― 妻・壽衛死去

1939年 77歳 ― 東京帝国大学を辞任

1940年 78歳 ― 大分県犬ヶ岳で転落事故に遭い療養、
『牧野日本植物図鑑』発行

1945年 83歳 ― 山梨県巨摩郡穂坂村に疎開

1949年 87歳 ― 大腸カタルで一時危篤になるが回復

1951年 89歳 ― 第一回文化功労者となる

1953年 91歳 ― 東京都名誉都民となる

1957年 94歳 ― 死去。死後、文化勲章が授与される

1958年 ―――― 高知県立牧野植物園、
東京都立大学理学部牧野標本館開園、
練馬区立牧野記念庭園が開園する

「好き」を貫く牧野富太郎の言葉　目次

カバーイラスト…風間勇人
本文イラスト…風間勇人、シミキョウ
本文デザイン・DTP…黒田志麻
編集協力…高比良育美

第1章

「好き」を貫いて生きる

植物への情熱を絶やさず、
好きなものに夢中に生きた牧野富太郎は、
一体どのような考えを持っていたのでしょうか。
本章には、その価値観や思考にふれられる
言葉を集めました。
牧野の人生哲学が感じられる言葉の数々は、
あなたを少しだけ自由に、
前向きにしてくれるでしょう。

草木に対していれば
何の憂鬱も煩悶《はんもん》も憤懣《ふんまん》も
また不平もなく、
何時も光風霽月《せいげつ》*1で
その楽しみいうべからずです。

『牧野富太郎自叙伝』より

健康長寿の秘訣を尋ねられた牧野は、趣味趣向について話を展開するが、その中で、音楽や歌謡、絵画などにも興味があるとしながら、やはり植物への関心が格別であることを述べている。

「けれども他に超越して特に深い趣味を感受するものは、何んといっても天性好きな我が専門の植物その者です。草木に対していれば何の憂鬱も煩悶《はんもん》も憤懣《ふんまん》もまた不平もなく、何時も光風霽月《せいげつ》でその楽しみいうべからずです。まことに生まれつき善いものが好きであったと一人歓び勇んでいるのです。そしてそれは疑いもなく私一生涯の幸福であると会心の笑みを漏《も》らしています。従って敢《あ》えて世を呪わず、敢て人をば怨まず、何時も心の清々しい極楽天地に棲んでいるのです。」

＊1：さわやかな風と晴れわたった月。性質にわだかまりがなく、さっぱりした様子のこと。

草木は私に取っては
唯一の宗教なんです。

『牧野富太郎自叙伝』より

「草木は私の命でありました。草木があって私が生き、私があって草木も世に知られたものが少なくないのです。草木とは何の宿縁があったものか知りませんが、私はこの草木の好きな事が私の一生を通じてとても幸福であると堅く信じています。そして草木は私に取っては唯一の宗教なんです。」

牧野は約1500種類もの植物に命名した。実際、牧野が見つけなければ未だに名もない植物もたくさんあったかもしれない。植物の徒として、植物に報いたといえるだろう。

また、健康長寿の秘訣を語る文脈の中で、「自然そのものを信仰している」ことも語っている。強く信じるものを持ち続ける生き方が、心身の健康にもつながったのかもしれない。

各国人をアットいわせる
誇りあるものを作りたいのだ。

『牧野富太郎自叙伝』より

「わが日本の植物各種を極めて綿密に且《か》つ正確に記載し、これを公刊して書物となし、世界の各国へ出し、大いに日本人の手腕を示して、日本の学術を弘く顕揚《けんよう》し、且つ学界へ対して極めて重要な貢献をなし得べきものを準備するにある。つまり各国人をアッといわせる誇りあるものを作りたいのだ。」

牧野はかつて4冊出版した『大日本植物志』を作成するときも、そのような気概を持っていたことがわかる。

花や果実の解剖図も含め植物の姿を精密に書き、実物に忠実に写生する。そうやって日本の植物を実物と違わぬ形で表現し、日本にはこれぐらいの仕事をする人間がいるんだと示す――。これらを抱負と目的として『大日本植物志』の制作に取りかかったと、自著に書き残しているのだ。

学位や地位などには私は、
何の執着をも感じておらぬ。
ただ孜々《しし》[*1]として
天性好きな植物の研究をするのが、
唯一の楽しみであり、
またそれが生涯の目的でもある。

『牧野富太郎自叙伝』より

「今こそ私は博士の肩書を持っている。しかし私は別に博士になりたいと思わなかった。これは友人に勧められて、退っ引《のび》きならぬ事になって、論文を出した結果である。私はむしろ学位など無くて、学位のある人と同じ仕事をしながら、これと対抗して相撲をとるところにこそ愉快はあるのだと思っている。」

日本の植物学の父といわれる牧野だが、肩書には何も興味がないどころか、むしろ邪魔になるとすら考えていた様子が、さまざまな文章からうかがえる。

「学位があれば、何か大きな手柄をしても、博士だから当り前だといわれるので、興味がない。」

「何の奇も何の興趣も消え失せて、平凡化せるわれの学問」

＊1：学問、仕事などに熱心に努め励むさま。

下宿の私の部屋は
採集した植物や、新聞紙や、
泥などでいつも散らかっていたので、
牧野の部屋は狸の巣のようだと
よくいわれたものである。

『牧野富太郎自叙伝』より

「明治十七年にどうもこんな佐川の山奥にいてはいけんと思い、学問をするために東京へ出る決心をした。そして二人の連《つれ》と共に東京へ出た。」

このとき、牧野は22歳。高知から二度目の上京をはたし、飯田町の山田顕義《あきよし》という政府高官の屋敷近くに下宿した。当時下宿代は月4円であったとしている。同行者の2人は学校に入ったが、牧野は学校へは行かなかった。しかし、その間もひとり植物の研究にいそしんでいたことが残された文献からわかる。実際、東京の平林寺の付近で、四国では見られない「かがりびそう」を初めて採取したときのことも書き残している。牧野にとっては、生きた植物こそが師だったのかもしれない。

何んでもこうしようと
思っている考えは、
大小となく軽重となく
いずれも信条である。

『牧野富太郎自叙伝』より

「何んでもこうしようと思っている考えは、大小となく軽重となくいずれも信条である。ですから、人々は沢山な信条を持っているわけだ。それゆえ信条のない人は恐らく世の中に一人もあるまい。

だが、信条には立派な信条もあればつまらぬ信条もある。偉大な人の信条はこの上もなく立派なものであるのだが、平凡な人の信条はその人のように全く平凡である。

私は凡人だから凡人並みの信条を持っている。」

その牧野の「信条」とは、日本の植物を綿密に正確に記載して書物とし、世界に日本人の手腕を見せることだという。実際、牧野の研究や細密な植物画は世界を驚かせ、『牧野日本植物図鑑』は今でも植物を知るうえで必携の書となっている。「信条」は現実のものとなったといえるだろう。

ただ自然に草木が好きで
これが天稟《てんぴん》の性質であったもんですから、
一心不乱にそれへそれへと進んで
この学ばかりはどんな事があっても
把握して棄てなかったものです。

『牧野富太郎自叙伝』より

「私は明治七年に入学した小学校が嫌になって半途で退学しました後は、学校という学校へは入学せずにいろいろの学問を独学自修しまして多くの年所を費やしましたが、その間一貫して学んだというよりは遊んだのは植物の学でした。

しかし私はこれで立身しようの、出世しようの、名を揚げようの、名誉を得ようの、というような野心は、今日でもその通り何等抱いていなかった。ただ自然に草木が好きでこれが天稟《てんぴん》の性質であったもんですから、一心不乱にそれへそれへと進んでこの学ばかりはどんな事があっても把握して棄てなかったものです。」

天稟とは生まれながらにの意味。自叙伝内でも度々語っているが、牧野が植物を好きな明確な理由はなく、ただ生まれながら好きだったようだ。「学んだというよりは遊んだ」と言う通り、草木に接することに遊びと学問の明確な垣根はなかったのだろう。

私が自然に
草木が好きなために、
私はどれ程利益を享《う》けているか
知れません。

『牧野富太郎自叙伝』より

「私が自然に草木が好きなために、私はどれ程利益を享《う》けているか知れません。私は生来ようこそ草木が好きであってくれたとどんなに喜んでいるか分りません。それこそ私は幸いであったと何時も嬉しく思っています。」

牧野の人生は決して順風満帆ではなかった。幼くして両親を亡くし、東京帝国大学で働いているときも学歴がないこともあり風当たりは強く、常に貧しさとも戦っていた。

元来、明るい性格であったというが、大好きな植物があったからこそ、心を保ち、自分の信ずる道を邁進できたのかもしれない。

人生まれて酔《すい》生《せい》夢《む》死《し》ほど
つまらないものはない。
大いに力《つと》めよや、吾《ご》人《じん》！
生きがいあれや吾人！
これ吾人の面目でなくて何んであろう。

『牧野富太郎自叙伝』より

吾人は「わたし」または、「われわれ」を表す言葉であるが、ここでは自分に対してだけでなく、この世を生きる人たちにも生きがいを持つことを、呼びかけているようにも読める。

また、酔生夢死とは何か価値のあることをせず、ただ生きているだけのこと。一生を植物の研究に捧げ、人生を切りひらいていった牧野からのエールにも似た言葉である。

まことに残念に感ずることは、
私のような学風と、
また私のような天才（自分にそう言うのは
オカシイけれど）とは、
私の死とともに消滅して
ふたたび同じ型の人を得る事は
恐らく出来ないという事です。

『牧野富太郎自叙伝』より

「まことに残念に感ずることは、私のような学風と、また私のような天才（自分にそう言うのはオカシイけれど）とは、私の死とともに消滅してふたたび同じ型の人を得る事は恐らく出来ないという事です。

人によると私のような人は百年に一人も出んかも知れんといってくれますが、しかし私はそんな人間かどうか自分には一向に分りませんが、人様からはよくそんな事を聞かされます。」


牧野の研究がなければ今日の日本の植物学の発展はなかった。この言葉からは、自らの研究に強い想いがあることがうかがえる。

牧野の死後、牧野のような天才はいなかったかもしれないが、「植物分類学の父」の想いが、その「子どもたち」に引き継がれたことは間違いないだろう。

朝な夕なに草木を友にすれば
淋しいひまもない

『牧野富太郎自叙伝』より

牧野は植物や自然に関して、次のような言葉も残している。

「人の一生《いっしょう》で、自然に親しむということほど有益《ゆうえき》なことはありません。人間はもともと自然の一員なのですから、自然にとけこんでこそ、はじめて生きているよろこびを感ずることができるのだと思います。

（中略）

自然に親しむためには、まずおのれを捨《す》てて自然のなかに飛びこんでいくことです。そしてわたしたちの目に映《えい》じ、耳に聞こえ、はだに感ずるものをすなおに観察し、そこから多くのものを学びとることです。」（『牧野富太郎植物記―』より）

私たちは自然に囲まれて生きている。草木が静かにそこにいることに気づけると、見える世界が変わるのかもしれない。

富士の山へも
流行の美容術を施してやる
思い遣《や》りがあっても
しかるべきだ。

『牧野富太郎自叙伝』より

牧野は「富豪であれば、富士山の形をよくしてやりたい」のだという。

「富士山を眺めると誰れでも眼に着くが東の横に一つの瘤《こぶ》がある。あれはすなわち宝永山だ。人の顔にコブがあって醜いと同じことで、富士にもコブがあっては見っともよくない。元来あのコブの宝永山は昔は無かったものだが、今から二百三十年前の宝永四年にアンナ事になっちゃった。考えてみるとそのコブの出来る前はもっと富士の姿が佳《よ》かったに違いないが不幸にしてあんなものが出来たから悪くなった。
そこで私は富士山の容姿をもと通りに佳くするためにアノ宝永山を取り除いてやりたいと思う。」

山ひとつを取り除きたいという大胆な発想に驚かされる。

今、日本には
植物学者が大変少ない。
だから植物学に志す者には、
出来るだけ便宜を与えるのが
わが学界のためである。

『牧野富太郎自叙伝』より

牧野が22歳で上京したときには、東京大学の矢田部良吉教授に厚遇され、研究室への出入りが許されていた。しかし、突然、研究室への立入りを禁ぜられることになる。これに対して、牧野は矢田部氏の自宅まで行って懇請した。

「今、日本には植物学者が大変少ない。だから植物学に志す者には、出来るだけ便宜を与えるのがわが学界のためである。且《か》つ先輩としては後進を引立てて下さるのが道であろうと思う。どうか私の志を諒《りょう》として、今までのように教室への出入りを許していただきたい」

この訴えは受け入れられず、牧野は引くしかなかった。自身の研究のためもあるが、それだけではなく植物学全体をよりよいものにしたいという想いが、これらの言葉から見てとれる。

もしも世界中の人間がわれに背《そむ》くとも、
あえて悲観するには及ばぬ。
わが周囲にある草木《くさき》は
永遠の恋人として
われに優《やさ》しく笑《え》みかけるのであろう。

『植物知識』より

牧野は、植物に趣味を持つと次の「三徳」があると語っている。

「第一に、人間の本性が良くなる。野に山にわれらの周囲に咲き誇《ほこ》る草花《くさばな》を見れば、何人《なんびと》もあの優《やさ》しい自然の美に打たれて、和《なご》やかな心にならぬものはあるまい。氷が春風に融《と》けるごとくに、怒《いか》りもさっそくに解《と》けるであろう。またあわせて心が詩的にもなり美的にもなる。

第二に、健康《けんこう》になる。植物に趣味を持って山野《さんや》に草や木をさがし求むれば、自然に戸外《こがい》の運動が足《た》るようになる。あわせて日光《にっこう》浴《よく》ができ、紫外線《しがいせん》に触《ふ》れ、したがって知《し》らず識《し》らずの間に健康が増進せられる。

第三に、人生に寂寞《じゃくまく》を感じない。もしも世界中の人間がわれに背《そむ》くとも、あえて悲観するには及ばぬ。わが周囲にある草木《くさき》は永遠の恋人としてわれに優《やさ》しく笑《え》みかけるのであろう。」

私は来る年も来る年も、
左の手では貧乏と戦い
右の手では学問と戦いました。
その際そんなに貧乏していても、
一っ時もその学問と離れなく
またそう気を腐らかさずに
研究を続けておれたのは、
植物がとても好きであったからです。

『牧野富太郎自叙伝』より

「私は来る年も来る年も、左の手では貧乏と戦い右の手では学問と戦いました。その際そんなに貧乏していても、一っ時もその学問と離れなくまたそう気を腐らかさずに研究を続けておれたのは、植物がとても好きであったからです。気のクシャクシャした時でもこれに対するともう何もかも忘れています。こんな事で私の健康も維持せられ、従って勇気も出たもんですから、その永い難局が切抜けて来られたでしょう。その上私は少しノンキな生まれですから一向平気でとても神経衰弱なんかにはならないのです。」

一時、牧野の借金は現在の1億円ほどにまでふくらんだといわれている。しかし、どれだけ経済的に苦しくても、牧野が植物研究から離れることはなかった。

日本の植物誌をはじめて
打建てた男は、
この牧野であると自負している。

『牧野富太郎自叙伝』より

「自分は植物の知識が殖《ふ》えるにつけ、日本には植物誌がないから、どうしてもこれを作らねばならんと思い、これが実行に取掛った。」

この志のため、牧野は一年間、神田で印刷の技術を学び、印刷機も購入した。植物誌づくりのために、印刷技術を学ぶのだから、その行動力には目を見張るものがある。

当初は故郷の高知県で出版するつもりだったが、結局は東京で出版することになる。明治21年11月、ついに『日本植物志図篇』第一巻第一集が出版された。

「この第一集の出版は、私にとって全く苦心の結晶であった。日本の植物誌をはじめて打建てた男は、この牧野であると自負している。」

実に世は様々、
何がどうなるか
判《わか》ったもんでは無い。

『牧野富太郎自叙伝』より

牧野は名門の出身ではなく、小学校すら中退したが、のちに東京帝国大学理科大学の講師になった。その不思議な運命を次のように語っている。

「惟《おも》うて見れば誠に不思議なもので小学校も半分しかやらず、その後何処の学校へも這入《はい》らず、何の学歴も持たぬ私がポッカリ民間から最高学府の大学助手になり、講師になり、後には遂に博士の学位迄も頂戴したとは実にウソのようなマコトで実に世は様々、何がどうなるか判《わか》ったもんでは無い。」

牧野の言う通り、人生どうなるか、何が起きるかはわからない。ただ、志を持って目の前のことに取り組み続ければ、いつしか道がひらけるときがくるのかもしれない。

私は一つの火山を縦に半分に割ってその半分の岩塊《がんかい》を全部取り除けてみたい。

『牧野富太郎自叙伝』より

牧野は趣味趣向について尋ねられると、(植物を除けば)「殊《こと》に火山については最も感興を惹きます」と答えている。そして、火山を半分にするという驚きのプランを述べている。

「これを実行するには大きな山はとても手におえずアキマヘンから、なるべく小さい孤立した山を択《えら》びたい。それにはかの伊豆の小室山《こむろやま》が丁度持って来いだ、これならなし遂ぐべき可能性が充分にある、そしてそれが休火山と来ているのだから願うてもない幸いだ。」

「さていよいよその山が半分になったと仮定して見たまえ、すなわちそれが元は火山であるのだから、これを縦に割ったら忽《たちま》ちその山の成り立ちやら組織やらまた年代やらが判明し、そこで火山学や岩石学、地質学などに対しどれほど無類飛切りな好研究資料を提供するか知れない。」

私は飯よりも女よりも
好きなものは植物ですが、
しかしその好きになった動機というものは
実のところそこに何にもありません。
つまり生まれながらに好きであったのです。

『牧野富太郎自叙伝』より

恐らく、人生で数えきれないほどに「なぜそんなに植物が好きなのか」「きっかけはなにか」などと尋ねられてきたのだろう。牧野自身もその確固たる理由がないと言っているのだから不思議なものである。

「私は植物の愛人としてこの世に生まれ来たように感じます。あるいは草木の精かも知れんと自分で自分を疑います。ハハハハ、私は飯よりも女よりも好きなものは植物ですが、しかしその好きになった動機というものは実のところそこに何にもありません。つまり生まれながらに好きであったのです。どうも不思議な事には、酒屋であった私の父も母も祖父も祖母もまた私の親族のうちにも誰一人特に草木の嗜好者はありませんでした。私は幼い時からただ何んとなしに草木が好きであったのです。」

草を褥《しとね》*1に木の根を枕、
花と恋して五十年

『牧野富太郎自叙伝』より

右は、牧野が自身の人生を回顧して作った都々逸《どどいつ》である。それから数年後に再びこの句を自身の書物の中で引用したうえで、次のように付け足している。

「今では私と花との恋は、五十年以上になったが、それでもまだ醒《さ》めそうもない。」

牧野は植物を宗教や、神ともたとえている。植物はやすらげるよりどころであり、尊敬の対象であり、常に心かきたてる存在でもあったのだろう。結局「花との恋」は生涯にわたって続いたようだ。

＊1：座るときなどにひく敷物のこと。

苦しい時に、私は歯をくいしばりながら
一心に勉強し、
千頁以上の論文を書きつづけた。
この論文が後に
私の学位論文となったものである。

『牧野富太郎自叙伝』より

明治26年に助手として帝国大学の職員になった牧野だが、研究の成果を雑誌に続々発表していたことで教授に敵意を示されたという。給料を上げてもらえず、子どもも大勢いるので生活は困窮する一方だった。

「しかし金銭の苦労はともすれば、研究を妨げ、流石《さすが》に無頓着な私も明日は愈々《いよいよ》家の荷物が全部競売にされるという前の晩などは、頭の中が混乱してじっと本を読んでもいられなかった。この苦しい時に、私は歯をくいしばりながら一心に勉強し、千頁以上の論文を書きつづけた。この論文が後に私の学位論文となったものである。」

妻の支えと、植物学への情熱があったからこそ、苦境を乗り越えられたのだろう。

家守りし妻の恵みやわが学び
世の中のあらん限りやスエコ笹

『牧野富太郎自叙伝』より

牧野は26歳のときに、妻・寿衛と結婚した。東京の下宿から大学へ行く道すがらにある菓子屋の娘だった寿衛の美しさに目を奪われ、当時印刷技術を学んでいた印刷屋の主人に仲人を頼んだという。大学の給料は安く借金もあったが、妻は子育てをしながら事業をし、牧野を支えた。

右の句はその妻・寿衛の墓碑に刻まれたものである。

「この〝スエコ笹〟は当時竹の研究に凝《こ》っており、ちょうど仙台で笹の新種を発見してそれを持って来ていた際なので、早速亡妻寿衛子の名をこの笹に命名して永の記念としたのでした。」

本来、牧野は植物の命名に私情を挟むことを嫌ったというが、スエコザサの名づけにはそれを凌駕するほどの特別な思いがあったのだろう。

花に対すれば常に心が愉快でかつ
美なる心情を感ずる。
故に独りを楽しむ事が出来、
あえて他によりすがる必要を感じない。
故に仮りに世人《せじん》から憎まれて
一人ボッチになっても、
決して寂寞《じゃくまく》を覚えない。

『牧野富太郎自叙伝』より

酒造の一人息子として生まれた牧野は、3歳の時に父を、5歳の時に母を、6歳の時に祖父を亡くし、祖母に育てられた。幼い頃に両親を亡くし、孤独を感じることもあっただろうが、草木の存在に救われてきたことがこの言葉からもうかがえる。

「私は元来土佐高岡郡佐川町の酒造家に生まれた一人ぽっちの伜《せがれ》であるが、まだ顔を覚えない幼い時分に両親に別れた。そして孤となり羸弱《るいじゃく》[*1]な生まれであったが、植物が好きであったので山野での運動が足り、且つ何時も心が楽しかったため、従って体が次第に健康を増し丈夫になったのである。」

＊1：体が弱いこと。

私がもしも植物を好かなかったようなれば、
今ごろはもっと体が衰え
手足がふるえていて、
心ももうろくしているに違いなかろう。

「牧野富太郎自叙伝」より

「幸いに植物が好きであったために、この九十二歳になっても、英気ぼつぼつ、壮者をしのぐ概《おもむき》がある。そしてなお前途にいろいろの望みを持って、コノ仕事も遂げねばならぬと期待し、歳月のふけ行く事をあえて気にする事なく、日夜わが専門の仕事にいそしんでいる。そのセイか心身ともにすこぶる健康で、いろいろの仕事に堪えられる事は何よりである。」

87歳のとき、牧野は大腸カタルになり一時危篤状態になった。しかしそこから奇跡的に回復し、90歳を超えたこのときも「植物のおかげ」で心身健康であることがうかがえる。

「精細な密な図を描く事も少しも難事ではない」とも書いており、目も手も衰えていなかった様子が文章で残っている。

第2章

草木が教えてくれること

草木を師として
「天然の道場」で学んだという牧野。
その学びや教えの一端を、
牧野の言葉を通して見てみましょう。
身の回りにある草花や樹木への見方が変わり、
日々の暮らしがより一層鮮やかになるはずです。

雑草という草はない。

『高知新聞Plus』より

右は牧野の言葉で「もっとも有名なもの」といえるかもしれない。実は、この言葉が本当に牧野のものなのか、長らく根拠となる史料がなかったという。

しかし、識者の長年の調査によって、その言葉の出所が明らかになってきた。

山本周五郎が雑草という言葉を口にしたとき、その場にいた牧野が雑草という草はない、どんな草にだって、ちゃんと名前がついていると指摘したのだという。

この言葉は昭和天皇が侍従にお話しされたものとしても有名である。昭和天皇の標本を牧野が鑑定したり、植物学のご進講を行ったりと交流があったため、同じお気持ちを示されたのではないかといわれている。

まず世界に植物すなわち
草木がなかったなら、
われらはけっして生きてはいけないことで、
その重要さが判《わか》るではないか。

『植物知識』より

『植物知識』のあとがきに、牧野は次のように書いている。多くの人に植物に親しんでもらいたい一心であったのだろう。

「失礼な申し分ではあれど、読者諸君を草木《くさき》に対しては素人《しろうと》であると仮定し、そんな御方《おかた》になるべく植物趣味を感じてもらいたさに、わざとこんな文章、それは口でお話するようなしごく通俗な文章を書いてみたのである。もし諸君がこの文章を読んでいささかでも植物趣味を感ぜられ、且《か》つあわせて多少でも植物知識を得られたならば、筆者の私は大いに満足するところである。われらを取り巻いている物の中で、植物ほど人生と深い関係を持っているものは少ない。まず世界に植物すなわち草木がなかったなら、われらはけっして生きてはいけないことで、その重要さが判《わか》るではないか。われらの衣食住はその資源を植物に仰《あお》いでいるものが多いことを見ても、その訳《わけ》がうなずかれる。」

親の意見となすびの花は
十に一つの無駄もある

『草木とともに』より

牧野は著書の中で「親の意見と茄子《なすび》の花は　千に一つの無駄がない」という言葉を引き合いにだしながら、植物学者の視点から、そもそもナスには無駄花があると語っている。

「ナスの花は、茎から一個一個でているものは、みな実のなる花であるが、それが短い穂をなして、二、三個あるいは四、五個ぐらいの花をつけているものでは、その本の一つが実花で、他はみな実のできない無駄花である。」

右ページの言葉は、これを踏まえたうえで「最近では、こう言っても通用しそうだ」と、牧野自身が作ったものだ。

牧野は相手が年下であろうと、学者でなかろうと、植物に関しての話であればしっかり聞いたことで知られている。そういう意味でも年齢や立場にとらわれない人だったのかもしれない。

植物と人間とを比べると
人間の方が植物より
弱虫であるといえよう。

『牧野富太郎自叙伝』より

「人間は生きているから食物を摂らねばならぬ、人間は裸だから衣物を着けねばならぬ。人間に風雨を防ぎ寒暑を凌《しの》がねばならぬから家を建てねばならぬので、そこではじめて人間と植物との間に交渉があらねばならぬ必要が生じて来る。」

「そこで面白い事は、植物は人間がいなくても少しも構わずに生活するが、人間は植物が無くては生活の出来ぬ事である。そうすると、植物と人間とを比べると人間の方が植物より弱虫であるといえよう。つまり人間は植物に向こうてオジギをせねばならぬ立場にある。」


牧野は植物採集時にもシャツと蝶ネクタイを身に着け、正装していた。これは植物への敬意を服装で表していたからだという。

牧野にとって、植物は尊敬すべき師であったのだ。

天然《てんねん》の細工《さいく》は流々《りゅうりゅう》＊1、
まことに巧妙《こうみょう》というべき
ではないか。

『植物知識』より

サクラソウには花柱が短いものと長いものの2種類があり、自家受粉ができないようになっている。蝶などの虫がさまざまなサクラソウの間を飛び交う中で受粉ができ、違う種同士の交配ができるようになっているのだ。このような植物の生のしくみ、天然の細工は牧野の心を何度も動かしたのだろう。

「このようにその花の受精するのは、どうしても他の花から花粉を持って来てもらわぬ限りそれができないから、自分の花粉で自分の花の受精作用はまったく不可能である。他花《たか》の花粉で、自分の花の受精作用を行わんがために、このサクラソウの花は雄蕊《ゆうずい》の位置に上下があり、雌蕊《しずい》の花柱に長短を生じさせているのである。天然《てんねん》の細工《さいく》は流々《りゅうりゅう》、まことに巧妙《こうみょう》というべきではないか。こうなると他家結婚ができ、したがって強力な種子が生じ、子孫繁殖《しそんはんしょく》には最も有利である。」

＊1：それぞれの方法があるということ。

私は草木に愛を持つ事によって
人間愛を養成する事が確かに
出来ると信じている事です。

『牧野富太郎自叙伝』より

「私は今草木を無駄に枯らすことをようしなくなった。また私は蟻一疋《いっぴき》でもこれを徒《いたず》らに殺す事をようしなくなった。そして彼等に同情し思い遣《や》る心を私は上に述べた草木愛から養われた経験を持っているので、それで私はなおさら強くこれを世に呼び掛けてみたいのである。」

「草木を愛すれば草木が可愛くなり、可愛ければそれを大事がる。大事がればこれを苦しめないばかりではなく、これを切傷したり枯らしたりするはずがない。そこで思い遣りの心が自発的に萌《きざ》して来る。一点でもそんな心が湧出すればそれはとても貴いものので、これを培えば段々発達して遂に慈愛に富んだ人となるであろう。」

草木を愛する心を持てば、誰もが慈愛に満ちた人になると、牧野は強く信じていた。

翠色滴《すいしょくした》たる草木の葉のみを望んでも、
だれもその美と爽快《そうかい》とに
打たれないものはあるまい。
これが一年中われらの周囲の景致《けいち》である。

『植物知識』より

「翠色滴《すいしょくした》たる草木の葉のみを望んでも、だれもその美と爽快《そうかい》とに打たれないものはあるまい。これが一年中われらの周囲の景致《けいち》である。またその上に植物には紅白紫黄《こうはくしおう》、色とりどりの花が咲き、吾人《ごじん》の眼を楽しませることひととおりではない。」

これは『植物知識』のあとがきに書かれた一文である。この本は学者ではない一般の人もわかるようにやさしく書かれた一冊だが、この部分だけ見ても、草木の美しさが鮮やかに眼前に浮かぶような気がする。

一年中さまざまな草花を鑑賞できることは当たり前のようだが、本来とても贅沢なことなのだと思いしらされる一言だ。

私は草木の栄枯盛衰《えいこせいすい》を観《み》て、人生なるものを解《かい》し得たと自信している。

『植物知識』より

「この慈悲的《じひてき》の心、すなわちその思いやりの心を私はなんで養《やしな》い得たか、私はわが愛する草木でこれを培《つちこ》うた。また私は草木の栄《えい》枯《こ》盛衰《せいすい》を観《み》て、人生なるものを解《かい》し得たと自信している。」

牧野は小学校を中退した後、高知で私塾に入ったが、その後は植物学を含め、様々な学問を独習したという。自叙伝では、「師匠というものが無かったから、私は日夕天然の教場で学んだ」と、自然からの学びがあったことを語っている。

まさに草木がすべての師だったのだろう。

草でも木でも最も勇敢《ゆうかん》に自分の子孫《しそん》を継《つ》ぎ、
自分の種属を絶《た》やさぬことに
全力を注《そそ》いでいる。（中略）
これは動物も同じことであり、
人間も同じことであって、
なんら違ったことはない。
この点、上等下等の生物みな同権である。

『植物知識』より

四六判・B6判並製

「植物にはなにゆえに種子が必要か、それは言わずと知れた子孫《しそん》を継《つ》ぐ根源であるからである。この根源があればこそ、植物の種属は絶《た》えることがなく地球の存する限り続くであろう。そしてこの種子を保護しているものが、果実である。

草でも木でも最も勇敢《ゆうかん》に自分の子孫《しそん》を継《つ》ぎ、自分の種属を絶《た》やさぬことに全力を注《そそ》いでいる。だからいつまでも植物が地上に生活し、けっして絶滅《ぜつめつ》することがない。これは動物も同じことであり、人間も同じことであって、なんら違ったことはない。この点、上等下等の生物みな同権である。」

人はあらゆる命のつながりの中で生きていられること、忙しい日々の中で忘れがちな植物や他の生き物への敬意を思い出させてくれる言葉である。

世人《せじん》はいつも雑草々々と
貶《けな》しつけるけれど、
雑草だってなかなか
馬鹿にならんもんである、

『植物学九十年』より

この言葉のあとには、次のように続く。

「すなわちそれが厳然たる植物である以上、種々なる趣を内に備えていて、これを味えば味うほど滋味の出て来るものであると同時に、またその自然の妙工に感歎の声を放たねばいられなくなる。世人が今少し植物に関心を持って注意をそこに向けるならばその人はどれほど貴い知識と深い趣味とを獲得するのであろうか、殆んどはかり知られぬほどである。場合によれば美麗な花を開く花草よりも更に趣味のあるものが少なくない。」

牧野は幼い頃、地元の横倉山でさまざまな草花に出あい、その花の名前を知りたいと思ったことから植物学に興味を持っていったという。身近な草花の観察という小さな一歩が、日本の植物学の礎をつくるという大きな功績につながったのかもしれない。

ここにまことに幸いな事には、
草木は自然に人々に愛せらるる
十分な資格を供え、
かの緑葉を見ただけでも美しく、
その花を見ればなおさら美しい。
すなわち誰にでも好かれる
資質を全備している。

『牧野富太郎自叙伝』より

人々が草木への愛情と感謝の気持ちをもっと持つべきであると牧野は伝えている。それこそが幸せの道だと、牧野自身が信じていたからに違いない。実際、草木が与えてくれるものを牧野はこうまとめている。

「ここにまことに幸いな事には、草木は自然に人々に愛せらるる十分な資格を供え、かの緑葉を見ただけでも美しく、その花を見ればなおさら美しい。すなわち誰にでも好かれる資質を全備している。そしてこの自然の美妙な姿に対すれば心は清くなり、高尚になり、優雅になり、詩歌的になり、また一面から見れば生活に利用せられ、工業に応用せられる。そしてこれを楽しむに多くは金を要しなく、それが四時[*1]を通じてわが周囲に展開しているから、何時にても思うまま容易に楽しむ事が出来、こんな良好なかつ優秀な対象物がまたと再び世にあろうか。」

＊1：春、夏、秋、冬、四つの季節の総称。

実に天然こそ神である。天然が人生に及ぼす影響は、まことに至大至重《しだいしちょう》*1であると言うべきだ。

『植物知識』より

「今日《こんにち》私は飽《あ》くまでもこの自然宗教にひたりながら日々を愉快《ゆかい》に過ごしていて、なんら不平の気持はなく、心はいつも平々坦々《へいへいたんたん》である。そしてそれがわが健康にも響《ひび》いて、今年八十八歳のこの白髪《はくはつ》のオヤジすこぶる元気で、夜も二時ごろまで勉強を続けて飽《あ》くことを知らない。時には夜明けまで仕事をしている。畢竟《ひっきょう》これは平素《へいそ》天然を楽しんでいるおかげであろう。実に天然こそ神である。天然が人生に及ぼす影響は、まことに至大至重《しだいしちょう》であると言うべきだ。」

＊1：この上なく大切なこと。

美しい花をながめりや
憂ひを忘る、
それがせめての心やり

『植物一日一題』より

右の言葉は『植物一日一題』のワスレグサの項目に添えられているものだ。ワスレグサは萱草《かんぞう》とも呼ばれる。萱という漢字には忘れるという意味があり、萱草という漢名が中国から日本に伝わってきて、和名としてワスレグサと呼ばれるようになったという。中国ではこの花を見ると、憂いを忘れられるといわれていた。

「憂さを忘れるなら何にもワスレグサに限ったことはなく、綺麗な花なら何んでもよい筈《はず》だが、中国でたまたま草が乏しい場所であったのか、この大きな萱草の花を撰んで打ち眺めたものであろう。」

と牧野はこの由来について述べている。

「心やり」とはふさいだ気持ちを晴らすこと。牧野にとってはすべての花や木が心の慰めだったのかもしれない。

私のこの健康を贏《か》ち得ましたのは、
前にもいったように全く植物の御蔭で、
採集に行くために運動が足《た》ったせいです。

『牧野富太郎自叙伝』より

「私のこの健康を贏《か》ち得ましたのは、前にもいったように全く植物の御蔭で、採集に行くために運動が足《た》ったせいです。そして山野へ出れば好きな草木が自分を迎えてくれて心は楽しく、同時に清新な空気を吸い、日光浴も出来、等々皆健康を助けるものばかりです。」

牧野は実は生まれつき健康であったわけではなく、幼少期はかなり体が弱く、親代わりに育ててくれた祖母に心配されていた。痩せていて手足が細長いので「西洋のハタットウ」とからかわれていたという。ハタットウとは、バッタの方言である。まさに植物と生きる中で、健康になったのだ。

わが日本の秀麗の山河の姿には
そこに草木が大いなる役目を勤めているが、
これが万古以来永く国民性を陶冶《とうや》[＊1]した
一要素ともなっている。
決してかの桜花のみが
敷島の大和心を養成したのではない。

『牧野富太郎自叙伝』より

「敷島の大和心を人問はば朝日ににほふ山桜花」は、江戸時代の国学者である本居宣長《もとおりのりなが》が詠んだ和歌であり、「大和心（日本人らしい心）は何かと問われたら、朝日に照り輝く山桜を美しいと思う心と答える」という意味だといわれている。

確かに桜をめでるときに日本人の心を感じる人は今でも多いかもしれない。しかし、桜だけが日本人の心を養成したのではないと牧野は言う。

「雑草という草はない」との言葉を残した牧野は、名も知られぬような草木にも思いを馳せてほしいと願っていたのかもしれない。

＊1：人の性質を育成すること。養成すること。

花のために、
一掬《いっきく》の涙があっても
よいではないか。

『植物知識』より

花は種子を生じるための器官であり、果実は種子を保護するためにあり、すべては繁殖のためにあることが、『植物知識』のまえがきで語られている。

「われらが花を見るのは、植物学者以外は、この花の真目的を嘆《たん》美《び》するのではなくて、多くは、ただその表面に現れている美を賞《しょう》観《かん》して楽しんでいるにすぎない。花に言わすれば、誠《まこと》に迷惑至極《めいわくしごく》と歎《かこ》つであろう。花のために、一掬《いっきく》の涙があってもよいではないか。」

牧野は自らを「草木の精」と言っていた。植物は牧野にとって、単なる研究対象ではなかったことが、多くの言葉からうかがえる。

未知の原料は世界に多い。
植物に知識あるものはそれを捜し出し易い。
すなわち新原料が出て来るのである。
一般の国民が植物に対して
多少でも知識があればその新原料は
続々と急速度に見つかることであろう。

『牧野富太郎自叙伝』より

牧野は植物の実用面での有用性についても説いている。国の発展には工業の隆盛が必要で、植物は工業とも関わり深いという。

「その工業の原料の一切なる一つは植物であることは識者を俟《ま》って知るのではない。その天産植物を利用するにその植物に関心を持ち、その知識のある人が多くなればなるほど効果が挙がり結果が良い訳だ。未知の原料は世界に多い。植物に知識あるものはそれを捜し出し易い。すなわち新原料が出て来るのである。一般の国民が植物に対して多少でも知識があればその新原料は続々と急速度に見つかることであろう。この点から見ても一般の国民にこの方面の知識を普及させておくのは真に国家のために必要である。私は世人《せじん》にはじめは趣味を感ぜさせることから進んで次にその知識を得させ、そしてこのような国民を駆《か》ってその有用原料を見つけるに血眼にならしめたい。」

見たところなんの醜悪《しゅうあく》なところは
一点もこれなく、
まったく美点に充《み》ち満《み》ちている。
まず花弁《かべん》の色がわが眼を惹《ひ》きつける、
花香《かこう》がわが鼻を撲《う》つ。
なお子細《しさい》に注意すると、花の形でも萼《がく》でも、
注意に値《あたい》せぬものはほとんどない。

『植物知識』より

「花は、率直《そっちょく》にいえば生殖器《せいしょくき》である。」

『植物知識』のまえがきは、この一文ではじまり、次のように続く。

「有名な蘭学者《らんがくしゃ》の宇田川榕庵《うだがわようあん》先生は、彼の著《ちょ》『植学啓源《けいげん》』に、『花は動物の陰処《いんしょ》の如《ごと》し、生産蕃息《はんそく》の資《と》て始まる所なり』と書いてある。すなわち花は誠《まこと》に美麗《びれい》で、且《か》つ趣味に富《と》んだ生殖器であって、動物の醜《みにく》い生殖器とは雲泥《うんでい》の差があり、とても比《くら》べものにはならない。そして見たところなんの醜悪《しゅうあく》なところは一点もこれなく、まったく美点に充《み》ち満《み》ちている。（中略）花の形でも萼《がく》でも、注意に値《あたい》せぬものはほとんどない。」

牧野の植物図は緻密だったことで有名だが、花や草木の美しさを逃さないよう、必死に書き記していたからかもしれない。

これらの花は自分の花粉を
自分の柱頭《ちゅうとう》に伝うることができず、
是非《ぜひ》ともそれを持ってきてくれる
何者かに依頼《いらい》せねばならないように、
自然がそう鉄則《てっそく》を設《もう》けている。
まことに不自由な花のようだが、
実はそれがそう不自由でないのは
おもしろいことではないか。

『植物知識』より

土に根を張る植物は、不自由な存在に見える。牧野はそんな植物の在り方さえ、このように評している。

「これらの花は自分の花粉を自分の柱頭《ちゅうとう》に伝うることができず、是非《ぜひ》ともそれを持ってきてくれる何者かに依頼《いらい》せねばならないように、自然がそう鉄則《てっそく》を設《もう》けている。まことに不自由な花のようだが、実はそれがそう不自由でないのはおもしろいことではないか。なんとなれば、そこには花粉の橋渡《はしわた》し役を勤《つと》めるものがあって、断《た》えずこの花を訪《おとず》れるからである。そしてその訪問者は蝶々《ちょうちょう》である。花の上を飛び回《まわ》っている蝶々は、ときどき花に止まって仲人《なこうど》となっているのである。」

人間を含め、生き物なら皆持つ不自由さも、こういう視点で見れば、自然に巧妙に設計されたものだと面白く考えられそうだ。

植物は春夏秋冬わが周囲にあって
これに取り巻かれているから、
いくら研究しても後から後からと
新事実が発見せられ、
こんな愉快な事はないのです。

『牧野富太郎自叙伝』より

「平素見馴れている普通の植物でも、更にこれを注意深く観察していきますと、これまでまだ一向に書物にも出ていないような新事実、それは疑いもなく充分学界へ貢献するにも足る新事実が見つかります。
一つ例を挙げてみると、通常人家に植えてあるアノ南天は誰れでも知っている極く普通の植物であるから、最早や別に新しい事実はありはしないと誰れでもそう思うだろうが、それは全く皮相の見[*1]で古くからの書物にも載っていない新事実を、この南天に見つけ得るのです。これは私が今ここで御話をする以外には何んの書物にも書いてありません。」

誰もが知っている植物からも新事実を見つける。その在り方が、牧野の功績につながったのかもしれない。

＊1：うわべだけを見て判断し、物事の本質に至らないこと。

人間に思い遣《や》りの心があれば
天下は泰平で、
喧嘩も無ければ戦争も起るまい。
故に私は是非とも草木に愛を持つ事を
わが国民に奨《すす》めたい。

『牧野富太郎自叙伝』より

牧野は誰もが草木を愛するようになれば、慈愛の心が芽生え、人間愛をも素養することになると訴える。それが戦争さえもなくすと信じていたのである。

そのような理由もあってか、牧野は植物の知識を啓蒙することにも力を入れていた。

『植物知識』のようにやさしい言葉でつづった本を執筆するほか、講演も数多く行った。自身が中心となった植物同好会も全国各地に多く作られた。同好会は、横浜からはじまり、東京、阪神でも誕生、子どもからお年寄りまで多くの人が集まったという。

「日本植物学の父」と言われたゆえんは植物学の実績だけではなく、このような活動によって多くの人に植物愛を広めたことにもありそうだ。

忘れぐさ忘れたいもの
山々あれど、
忘れちゃならない人もある

「植物一日一題」より

牧野は『植物一日一題』のワスレグサの項にこの句を添えている。牧野にとっての忘れたいことは何か、そして「忘れちゃならない人」とは誰であったのか。推測するしかないが、もしかすると、それらは表裏一体であったのかもしれない。

というのも、牧野の人生で何か問題が起きたときには必ず助けの手を差し伸べる人が現れているからだ。牧野の自叙伝には、実に多くの人の名が登場する。

金銭的な窮状を見かねて大学の総長に伝えて助力を乞うてくれた同郷の教授、牧野のために植物研究所を作って生活を補助してくれた青年、借金の整理のために奔走してくれた人たち、そして陰になり日向になり支えてくれた妻……。

ワスレグサを見たとき、そうした恩人たちに思いを馳せていたのかもしれない。

植物に取り囲まれているわれらは、
このうえもない幸福である。

『植物知識』より

「植物に取り囲まれているわれらは、このうえもない幸福である。こんな罪のない、且《か》つ美点に満ちた植物は、他の何物にも比することのできない天然《てんねん》の賜《たまもの》である。実にこれは人生の至宝《しほう》であると言っても、けっして溢言《いつげん》*1ではないのであろう。」

牧野が著書の中で何度も説いているように、確かに私たちは、植物がなければ生きていけない。見た目も美しく、罪がなく、美点に満ちた植物への関心が少なすぎる人が多いといえるだろう。

声を出し、訴えることができない植物に代わって、そのありがたみを伝えていたのが、牧野富太郎という存在だったのだ。

*1：言い過ぎ、度を過ぎた言葉のこと。

第3章

いつまでも人生を楽しむ

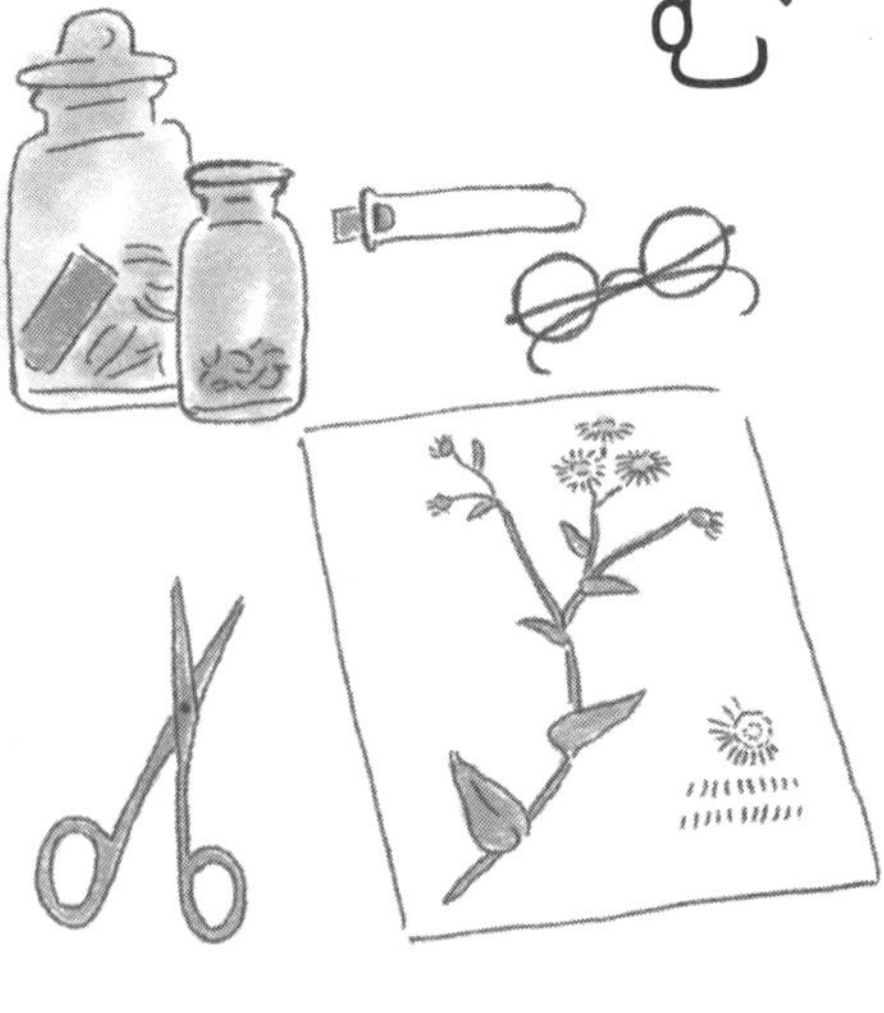

生涯現役を貫いた牧野。
限りある人生を、自分らしく全うするには
どのように考え、行動すればよいのか。
人生100年時代を生きる私たちが
最期のときまで日々を楽しみ、
味わい尽くすためのヒントがここにあります。

人間は生きている間が花である。
わずかな短かい浮世《うきよ》である。

「植物知識」より

「人間は生きている間が花である。わずかな短かい浮世《うきよ》である。その間に大いに勉強して身を修め、徳を積み、智《ち》を磨《みが》き、人のために尽《つ》くし、国のために務《つと》め、ないしはまた自分のために楽しみ、善人として一生を幸福に送ることは人間として大いに意義がある。酔生夢死《すいせいむし》するほど馬鹿《ばか》なものはない。」

はかなさを花にたとえることはよくあるが、「草木の栄枯盛衰から人生を解した」という牧野の言葉だからこそ、深みがある。また、楽しむことと学ぶことが同列に人生の幸福として語られていることにも、牧野の人生が表れているようである。

われら人間は
まずわが生命を全うするのが
社会に生存する第一義で、
すなわち生命あってこそ人間に生まれ
来し意義を全うし得るのである。
生命なければ全く意義がなく、
つまり石ころと何の択《えら》ぶところがない。

『牧野富太郎自叙伝』より

右の言葉は次のように続く。

「その生命を繋いで、天命を終えるまで続かすにはまず第一に食物が必要だが、古来から人間がそれを必然的に要求するために植物から種々様々な食物が用意せられている。（中略）街には米屋、雑穀屋、八百屋、果物屋、漬物屋、乾物屋などが直ぐ見つかる。山野に出れば田と畠とが続き続いていろいろな食用植物が実に見渡す限り作られて地面を埋めている。その耕作地外ではなお食用となる野草があり、菌類があり木の実もあれば草の実もある。眼を転ずれば海には海草があり淡水には水草があって、皆わが生命を繋ぐ食物を供給している。」

人間は植物に生かされている。植物に感謝し、真心を捧げるべきであると、牧野は書き残している。

わが姿たとえ翁と見ゆるとも
心はいつも花の真盛り

「牧野富太郎自叙伝」より

牧野は健康長寿の秘訣について、「心を平静に保つことが健康法であり、さらに、長生きをするには気分を若々しくもっていなければならない」とも語っている。

右は、その流れの中で出てきた牧野の心の在りようを示す言葉だ。ただ、次のようにも語っている。

「私は体が至って健康な故《ゆえ》に、別に養生訓というものに、ついぞ注意を向け心を労した事がありません。つまりいわゆる養生に無関心な訳で、私の体にはその養生というものに対して心配する程な、欠陥がないからです。故に畢竟《ひっきょう》*1敢て気に留めないのです。」

健康についてあまり考えすぎることもかえって体に良くないのかもしれないと思わせる一言だ。

＊1：究極、結局、つまるところ。

この世に生まれ来るのは
ただ一度きりであることを思えば、
この生きている間をうかうかと
無為《むい》に過《す》ごしてはもったいなく、
実に神に対しても申し訳《わけ》がないではないか。

『植物知識』より

牧野にとって、神から与えられた使命が植物の研究であるなら、そのために一度きりの命を十分に使ったといえるだろう。また、牧野は早くに両親を亡くしたが、もしそうでなければ、違う人生だっただろうとも『牧野富太郎自叙伝』の中で語っている。

「そして両親が早く亡くなり、むずかしくいって私に干渉する人が無かったので、私は自由自在の思う通りに植物学を独習し続けて、遂に今日に及んでいるのです。

もしも父が永く存命であったら、必然的に種々な点で干渉を受くるのみならず、きっと父の跡を襲《つ》いで酒屋の店の帳場に坐《すわ》らされて、そこで老いたに違いなかったろうが、父が早くいなくなったのでその後は何んでも自分の思う通りに通って来たのである。今思うて見ると、私ほど他から何の干渉も受けずにわが意思のままにやって来た人はちょっと世間には少なかろうと思う。」

頭は白髪を戴いて冬の富嶽《ふがく》の様だが、
心は夏の樹木の様に緑翠《りょくすい》である。
つまり葉鶏頭《はげいとう》（老少年）なる植物が
私を表象している、
まだこれからウントがんばれる。

『牧野富太郎自叙伝』より

「私は昭和十八年の今日八十二歳ですが、幸に元気は頗《すこぶ》る旺盛で一向に老人の様な気がしない。故に牧野翁とか牧野叟とか牧野老とか署するのはこの上もなく嫌いで、また人からそう呼ばれるのも好まない。頭は白髪を戴いて冬の富嶽《ふがく》の様だが、心は夏の樹木の様に緑翠《りょくすい》である。つまり葉鶏頭《はげいとう》（老少年）なる植物が私を表象している、まだこれからウントがんばれる。めでたしめでたし。」

葉鶏頭はヒユ科の一年草で、夏の終わりから葉が色づきはじめ、秋が深まるほどに鮮やかになるという特徴がある。自分の在り方を洒落を効かせて植物にたとえる、チャーミングな牧野の性格を表す言葉である。

＊1：おきな、年寄りの意味。

書ヲ家トセズシテ友トスベシ

「牧野富太郎自叙伝」より

右の言葉は、牧野が20代のときに、勉学の心得を「赭鞭一撻《しゃべんいったつ》」と題して書いたものの一部である。

「書ヲ家トセズシテ友トスベシ」とは、「本を家とするのではなく、本を友にするべき」という意味。その理由を牧野は自著の中で次のように語っている。何かを知るには本を読まなければならないが、その本を信じ切ってしまう（本に安住する＝家とする）のはよくない。本の中にも間違いはある。それを正すことで、新しい学問が築ける。だからこそ本を「自分の友」として、対等な立場でいることが大事である。

この考えを20代の頃にもっていたからこそ、牧野はさまざまな新発見をし、功績を残すことができたのかもしれない。

実際、牧野は植物学の本に限らず、医学、民俗学などさまざまなジャンルの本を数多く持っていたことで知られている。牧野の死後、高知県に寄付された蔵書の数は5万点を超えていた。

もうこんな年になったとて
老人ぶることは私は大嫌いで、
何時も書生のような
気分なんです。

『牧野富太郎自叙伝』より

80歳を目前にしたときの牧野の言葉である。

「私は上のように年が行っていますけれど、私の気持ちはまず三十より四十歳位のところで、決して老人のような感じを自覚しません。もうこんな年になったとて老人ぶることは私は大嫌いで、何時も書生のような気分なんです。」

実際、気持ちの面だけでなく、体も驚くほど若々しかったことが、80代のときに書き残された文章からうかがえる。

「また眼も良い方でまだ老眼になっていないから老眼鏡は全く不用です。（中略）歯は生まれつきのもので虫歯はありません。（中略）それから頭痛、逆《のぼ》せ、肩の凝り、体の倦怠《だるさ》、足腰の痛みなど絶えてなく、按摩《あんま》は私には全く用がありません。」

大学を出て何処へ行く？
モウよい年だから隠居する？
トボケタこと言うナイ、
われらの研究はマダ終わっていないで
尚前途《ぜんと》遼遠《りょうえん》ダ。＊1

『牧野富太郎自叙伝』より

77歳で大学を辞した牧野だが、その後も随筆や植物図鑑の刊行など精力的に活動を続けた。その活動や心意気を垣間見られる言葉である。

「大学を出て何処へ行く？　モウよい年だから隠居する？　トボケタこと言うナイ、われらの研究はマダ終わっていないで尚前《ぜん》途《と》遼遠《りょうえん》ダ。マダ自分へ課せられた使命ははたされていないから、これから足腰の達者な間はこの闊《ひろ》い天然の研究場で馳駆《ちく》し、出来るだけ学問へ貢献するのダ。」

＊1：目的を達するまでには、まだまだほど遠い状態にあること。

少し位学問したとて
それで得意になったり、
尊大に構えたりするのは
それは全くヘソ茶もので、
わが得た知識をこの宇宙の広大かつ
深淵《しんえん》な事に比べれば、
顕微鏡で観ても分らぬ位小さいもんダ、
チットモ誇るに足らぬもんダ、

『牧野富太郎自叙伝』より

「学問へ対しましても何時も学力が足らぬという気が先きに立ちまして、自分を学者だなんどと大きな顔をした事は一度もありません。それは私に接する人は誰でもそう感じ、そう思って下さるでしょう。少し位学問したとてそれで得意になったり、尊大に構えたりするのはそれは全くヘソ茶もので、わが得た知識をこの宇宙の広大かつ深淵《しんえん》な事に比べれば、顕微鏡で観ても分らぬ位小さいもんダ、チットモ誇るに足らぬもんダ、」

たくさんの新発見をしており、知識が豊富な牧野だからこそ、一度きりの人生では学びきれないことだらけだと思っていたのかもしれない。

先日大学を止めて気も心も軽くなり
何の顧慮する事もいりませんので、
この見渡す限りの山野にある
わが愛する草木すなわち
わが袖褸《しゅうろう》を引く愛人の中に立ち、
彼らを相手に大いに働きます。

『牧野富太郎自叙伝』より

植物への強い愛をたびたび語る牧野だが、なんともう草木の学問をやめてしまおうと思ったこともあったという。

「以前何時《いつ》だったか、ある事がヒドク私の胸に衝動を与えた事がありました時、私は『草木の学問さらりと止めて歌でこの世を送りたい』と詠んだ事がありましたが、ヤッパリ好きな道は断念出来ませんので間も無くこれまでの平静な心に還り、それは幻のように消えて仕舞いました。

赤黄紫さまざま咲いて　どれも可愛い恋の主
年をとっても浮気は止まぬ　恋し草木のある限り
恋の草木を両手に持ちて　劣り優りのないながめ」

牧野にとって恋人ともいえる植物との縁は切っても切れぬものだったことが、さまざまな句からもうかがえる。

どんな仕事をするにしても
健康でなければダメで、時々病褥《びょうじょく》に臥したり
薬餌《やくじ》に親しんだりするようでは
如何に大志を抱いていても決して
これを実行に移す事は出来ません。

『牧野富太郎自叙伝』より

「私は今年七十八歳になりましたが、心身とも非常に健康で絶えず山野を跋渉《ばっしょう》し、時には雲に聳《そび》ゆる高山へも登りますし、また縹《ひょう》渺《びょう》たる海島へも渡ります。そして何の疲労も感じません。」

牧野は78歳のとき、大分県犬ヶ岳で植物の採集中に転落事故にあい、一時療養した。しかし、その傷もすぐに治ったという。また、病気で一時危篤となったときも息を吹き返した。そのため、晩年になるまで床に臥せることはほとんどなかったのである。牧野自身、健康を享受して生きてきたことがよくわかる。

家にたてこもっている人では
とてもこの学問はできっこない。

「若き日の思い出」(『日本の名随筆　別巻34　蒐集』)より

「何といっても植物は採集するほど、いろいろな種類を覚えるので植物の分類をやる人々は、ぜひとも各地を歩きまわらねばウソである。家にたてこもっている人ではとてもこの学問はできっこない。日に照らされ、風に吹かれ、雨に濡れそんな苦業を積んで初めていろいろの植物を覚えるのである。」

牧野は故郷の高知県を中心に、沖縄以外のすべての都道府県、そして当時日本の領土であった台湾・満州にまで採集に出かけている。牧野にとって自然の中は教材の宝庫で、書斎や研究室に閉じこもっていては得られない学びだらけだったのだろう。

去《い》ぬは憂し　散るを見果てむ
かきつばた

『牧野富太郎選集第二巻』より

かきつばたは鮮やかな紫色の花が特徴のアヤメ科の植物で、古くから日本人に愛され和歌にも読まれてきた。衣類を染めるのに使われたことから「書き付け花」と呼ばれ、それが転じて「かきつばた」となったのが、名前の由来といわれている。

昭和8年、牧野は植物実地指導のため広島文理科大学植物学教室の学生を連れ、広島の八幡村を訪れた。そこでこの書き付け花のエピソードを思い出し、かきつばたを白いシャツの胸元にこすりつけて楽しんだという。あまりにも無邪気に、全身で花との戯れを喜んでいた様子がうかがえる。牧野のエピソードにはこのほかにも、自然との触れ合いを明るく楽しむものが多く、自然を愛する様子が伝わってくる。右の句は次のような心情で詠まれた。

「私は今この花を見捨てて去るのがものうく、その花辺に低徊しつついるうちにはしなく次の句が浮かんだ。」

私は経済上余り恵まれぬ
こんな境遇におりましても
敢《あえ》て天をも怨みません。
また人をもとがめません。
これはいわゆる天命で
私はこんな因果な生まれであると
観念しておる次第です。

『牧野富太郎自叙伝』より

学歴を持たない牧野は務め先の大学でもあまりよい待遇ではなく、それを訴えて厚遇を得ようともしなかった。また、「従来雨風を知らぬ坊ッチャン育ちであまり前後も考えないで鷹揚に財産を使いすてていたのが癖になっていて」と、生活が苦しくても節約をする意識はあまりなかったようで、多額の借金もあった。牧野はそのような自分の在り方を次のように受け入れていたようだ。

「今だって私の給料は私の生活費には断然不足していますけれど、老軀《ろうく》を提げての私の不断のかせぎによってこれを補い、まず前日のようなミジメな事はなく辛うじてその間を抜けてはおります。私は経済上余り恵まれぬこんな境遇におりましても敢《あえ》て天をも怨みません。また人をもとがめません。これはいわゆる天命で私はこんな因果な生まれであると観念しておる次第です。」

いつまでも生きて
仕事にいそしまん、
また生まれ来ぬこの世なりせば
何よりも貴とき宝もつ身には、
富も誉れも願わざりけり

『牧野富太郎自叙伝』より

80歳を超えてもなお、牧野は研究に勉強に深夜まで机に向かっていた。そのため、庭でいつ花が咲いたのかもわからないこともあったという。

「私はこの様にする事が我が楽しみであるばかりでなく、それは私に課せられた使命であると信じており、勉強すればするだけ仕事の効果も上り、ひいてはそれが斯学《しがく》[*1]に貢献する事となり、つまりは日本文化のためになる事を思えば何んの苦にもならず、極めて欣《よろこ》ばしく感じているばかりである。故に今日の私はわが一身を植物の研究に投じ至極愉快にその日その日を送っているので、こうする事の出来るわが身を非常な幸福だと満足している次第である。」

＊1：この学問。

私はこの八十六の歳になっても好んで、
老、翁、叟[*1]、爺などの字を
我が姓名に向かって用いる事は嫌いである。

『牧野富太郎自叙伝』より

「何にも別に関心事なく平素坦々たる心境で平々凡々的に歳月を送っています。すなわちかく心を平静に保つ事が私の守ってる健康法です。しかし長生きを欲するには何時もわが気分を若々しく持っていなければならなく、従って私はこの八十六の歳になっても好んで、老、翁、叟、爺などの字を我が姓名に向かって用いる事は嫌いである。」

牧野は94歳まで生きたが、93歳で病床につくまで研究や書き物を続けていたといい、健康寿命も長かった。実際に体が元気だっただけではなく、このように気の持ちようが若かったことが残された言葉からわかる。

＊1：おきな。としより。老人を敬っていう語。

私は少年の時と今日老年になった時と、
その学問のぐあいは少しも違っていなく、
ただ一直線に学問の道を
脇目もふらず通ってきたのである。

「若き日の思い出」（『日本の名随筆　別巻34　蒐集』）より

「私ほど一生苦しまずに愉快に研究を続けて来た人間は世間にかなり少ないようだ。それゆえ私は少年の時と今日老年になった時と、その学問のぐあいは少しも違っていなく、ただ一直線に学問の道を脇目もふらず通ってきたのである。」

90歳を過ぎた牧野は「若き日の思い出」という随筆で、植物採集の体験を語っている。そして、「楽しかったとはいえ、ただの遊びごとではなかった」と添えている。遊びと学問との垣根がないことが、一生植物研究を楽しく続けた秘訣なのかもしれない。

今日戦後の日本は戦前の日本とは違い、
脇目もふらず一生懸命に
活動せねばならぬのだから、
老人めく因循《いんじゅん》姑息《こそく》[*1]な退嬰《たいえい》[*2]気分は
一切放擲《ほうてき》して、幾ら老人でも
若者に負けず働く事が大切だ。

『牧野富太郎自叙伝』より

1945年、太平洋戦争が終戦した。右は戦争を経験した牧野が残した文章だ。また、牧野は、次のような文章も書き残している。

「人間は足腰の立つ間は社会に役立つ有益な仕事をせねばならん天職を稟《う》けている。それ故早く老い込んでは才仕舞だ。また老人になったという気持を抱いては駄目だが、しかしそんな人が世間に寡《すくな》くないのは歎かわしい。」

＊1：古い習慣ややり方にとらわれて改めようとせず、その場しのぎですますこと。
＊2：しりごみすること。引きこもること。

私はまだ学界のために
真剣に研究せねばならぬ
植物を山のように持っているのに、
歳月は流れわが齢《よわい》余す所幾《いく》何《ばく》もない。
感極って泣かんとすることが度々ある。

『牧野富太郎自叙伝』より

牧野は東京帝国大学を77歳で退職した後も、病床にふす93歳まで寝る間も惜しんで研究していたという。まさに好きなことに邁進し、使命感を持って生き抜いたといえよう。

好きを貫いて生きたからこそ、牧野の人生には騒動も絶えなかったが、78歳で刊行した『牧野日本植物図鑑』が今なお広く支持されていることからも、残したものの大きさがうかがえる。

歌いはやせや　佐川の桜
町は一面　花の雲

『草木とともに』より

牧野は植物に対すると、思いやりや慈悲の心が生まれると何度も語っている。植物に対したためか、元来のサービス精神によるものかはわからないが、故郷には、さまざまなものを用意し、もたらしている。

たとえば、桜。高知・佐川にはソメイヨシノの木が少ないとなれば、数十本の木を送っている。年を経て成長したこの桜が、そこにあったヤマザクラとともに壮観をつくり出し、人気の観光名所となったという。久しぶりに帰郷した牧野は、喜ぶと同時に「無量の感慨を禁ずることができなかった」としている。右の言葉は友人に求められ、花見客のために書いたものである。

他にも、故郷に正しい西洋音楽を広めるため、高知女子師範学校に新しい音楽の教師を派遣したり、オルガンを購入して佐川小学校に寄付したり、音楽会を創立したり……。故郷を思って行動する人であった。

同学の諸士は私よりは年下だのに
早くも死んだ人が少なくないに拘わらず、
われは尚心身矍鑠《かくしゃく》たる幸福を
贏《か》ち得ているからこの達者なうちに
一心不乱働かねば相済まぬことと
確信している。

『牧野富太郎自叙伝』より

この言葉は、空爆から逃れるため山梨県に疎開していた牧野が、東京に戻った翌年に記された。このとき83歳。

「これからは日本文化のため尽さねば国民たるの資格がはたせないとの考えから、大いにその責任と義務とを良心的に感じている次第だ。」

食事と来客以外は机に向かってペンを走らせ、就寝は1時、2時、ときには徹夜になることもあったという。どこか鬼気迫る様子がうかがえるのは、妻や親しい人々を見送り、さらに戦争を経験したことで、生かされた自分の使命を全うせねばという思いが強くなったからかもしれない。

それにつけても
時間の経つのが惜しくてたまらん。
余命はだんだん短くなるのに、
あれもやりたい、これもやりたい。
やり遂げにゃならん事が山とある

『牧野富太郎自叙伝』より

終戦後のある日、牧野は自宅で編集者と対話していた。最近は新村出《しんむらいずる》（言語学者）、柳田國男（民俗学者）に注目しているという牧野に、牧野も植物名の方言を採集していたことを編集者が話題にする。

「ええ、だいぶ集めました。この方の整理もしておきたいと思うのですが……。それにつけても時間の経つのが惜しくてたまらん。余命はだんだん短くなるのに、あれもやりたい、これもやりたい。やり遂げにゃならん事が山とある」

集めた植物標本40万、名付けた草木1500種以上、収集した蔵書は5万冊以上。普通の人の何倍も多くのことをなしたように見える牧野だが、その人生には、いつまでも「やりたいこと」「やり遂げたいこと」が尽きなかったことが、残された文章からわかる。

われらは出来るだけ健康に長生きをし、
与えられたる使命を重んじ、
その大事業を完成しなければならぬ。
身心の健全は若い時に養わねばならぬ。

「牧野富太郎自叙伝」より

「二十代を顧りみて、いままでによかったと思うことが一つある。丁度その頃僕達の市街にもいろいろの料理屋などが出来て、思想の定まらない青年達はその感覚の魔界におぼれて随分その前途を謬《あやま》ったものが多かった。しかし自分は植物の研究に自らの趣味も感じていたので花柳の巷《ちまた》には足を入れようとは思わなかった。またその時分もしも酒に親しむような悪習に染まっていたならば、あるいは酔いに乗じて酒に飲まれていたかもしれない。」

酒造の一人息子として生まれながら、酒を飲む習慣のなかった牧野は、たびたびこれが健康長寿のために役立ったと述懐している。そして、青年たちにむかって酒やたばこをやめてほしいと訴えている。天に与えられた使命を全うするべきと自叙伝にも度々記している牧野は、後進にもそうして欲しいと願っていたのだろう。

学者は死ぬる間際まで、
すなわち身心が学問に役立つ間は
日夜孜々《しし》として
その研鑽《けんさん》を続けねばならない
義務と責任とがある。

「牧野富太郎自叙伝」より

博物学者で本草学や植物学にも通じた伊藤圭介について、牧野はこのように述べている。

「珍しくも九十九歳の長寿を保たれしはまず例の鮮《すく》ない芽出度《めでた》い事である。しかるに先生の学問上研鑽がこの長寿と道連れにならずに、先生の歿年《ぼつねん》より遡りておよそ四十年程も前にそれがストップして、その後の先生は単に生きていられただけであった。そうすると先生の研究は直言すれば死の前早くも死んでいるのである。学者はそれで可《い》いのか、私は立ちどころにノーと答える事に躊躇しない。」

牧野は、死ぬ間際まで研鑽を続けることが学者としての「天命を全うする」ことになると考えていたのかもしれない。

付録

牧野にゆかりのある植物

牧野が学名を与えた
植物の種類は約１５００種類以上。
収集した標本は約40万点。
日本植物学の父といわれる
牧野にゆかりのある植物を紹介します。
秋の訪れを感じさせるあの植物も、
見慣れたあの木も……。
本章を通して、牧野の発見を
より身近に感じられるはずです。

キンモクセイ

[金木犀]

その香りがしてくると秋の訪れを知ることができる橙色の小さな花です。多くの方が道端などで見たことがあるでしょう。白い花をつけるギンモクセイという植物があり、そちらを元に牧野が名づけたといわれます。漢字で書くと金木犀となり、木肌が動物の犀《さい》に似ているからだといいます。

ハルジオン

［春紫苑］

春になると河川敷や庭先でよく見ることができるハルジオン。紫苑《しおん》という秋に咲く花がありますが、春に咲くシオンというところからハルジオンと名づけられました。キク科の多年草で白やピンク、紫の花をそこかしこで見ることができますが、実は外来種です。

オオイヌノフグリ

［大犬の陰嚢］

日本に昔からあるイヌノフグリという植物より少し大きいため、オオイヌノフグリと名づけられたといいます。春の訪れとともに、青い小さな可愛い花を咲かせ、野原や土手などあちらこちらで見られます。フグリとは陰嚢《いんのう》のことで、イヌノフグリの果実が犬の陰嚢に似ているためこう呼ばれるようになったとか。ちょっとかわいそうな名前ですね。

ケヤキ

［ 欅 ］

良質な木材として建築に使われますが、街路樹などとしても見ることができます。「ケヤ」には、古語ですばらしいという意味があり、「けやしのき」が転じて、ケヤキという名前になったといわれています。名前の通り、大きく立派な立ち姿を見ると心が安らぎます。

センリョウ

［千両］

赤い小さな実をたわわにつけるセンリョウは縁起のよい植物としてお正月に飾られます。マンリョウという見た目も名前も似た植物がありますが、センリョウの実が葉の上につくのに対し、マンリョウは葉の下につきます。また、センリョウはセンリョウ科、マンリョウはサクラソウ科で、違う種類の植物です。

カガリビバナ

[篝火花]

これはどんな植物？　と思うかもしれませんが、日本では「シクラメン」の名前で知られている花のことです。和名はなんと「ブタノマンジュウ」というそうですが、この名前ではあんまりだと牧野がこの名前をつけたといわれています。そのため、シクラメンには二つの和名があります。

ヒメアジサイ

［姫紫陽花］

花房が小さく、美しい姿から牧野が「ヒメアジサイ」と名づけました。あじさい寺として有名な鎌倉の明月院で見られるアジサイの多くがこのヒメアジサイで、「明月院ブルー」ともいわれる美しい青い花を楽しめます。

ヤマトグサ

［大和草］

牧野にとってもっとも関係の深い植物のひとつがヤマトグサです。複数の都道府県で絶滅が危惧されているため、目にした方は少ないかもしれません。「大和」の名が示す通り、日本草の意味が込められています。日本の固有種であり、日本人が学名をつけたものとして、日本の植物学にとっても重要な植物といえるでしょう。

スエコザサ

［寿衛子笹］

スエコザサは本州の宮城県以北に自生する笹で、牧野が1927年に仙台で発見しました。牧野はこの笹に妻の名前をつけましたが、残念なことに名前が発表される前に妻・壽衛は他界してしまったのです。牧野の邸宅跡地は牧野記念庭園として公開されていますが牧野の像はスエコザサに囲まれて佇んでいます。

ヤマザクラ

［山桜］

牧野は大の桜好きでも知られ、命名した桜がいくつかあります。そのうちのひとつが、日本で古くから愛されているヤマザクラです。牧野が描いた見事なヤマザクラの絵は『大日本植物志』の巻頭図にも起用されています。ヤマザクラの木は良質な木材としても活用されます。

参考文献

『牧野富太郎自叙伝』牧野富太郎著／講談社
『植物知識』牧野富太郎著／講談社
『植物一日一題』牧野富太郎著／博品社
『牧野富太郎植物記1』中村浩編／あかね書房
『MAKINO—生誕160年　牧野富太郎を旅する—』
高知新聞社編／北隆館
『牧野富太郎　私は草木の精である』渋谷章著／平凡社
『草木とともに』牧野富太郎著／ダヴィッド社
『日本の名随筆　別巻34　蒐集』奥本大三郎編／作品社
『植物学九十年』牧野富太郎著／宝文館
『牧野富太郎選集第二巻』牧野富太郎著／東京美術

参考HP

練馬区立牧野記念庭園（https://www.makinoteien.jp/）
高知新聞plus（https://www.kochinews.co.jp/）
高知県立牧野植物園（https://www.makino.or.jp/）

※本書で引用している箇所では、難読と思われる語句にはふりがなを付けています。また、本文内の注釈は編集部で追加したものです。本文中には、今日では不適切と思われる表現もありますが、作品自体の価値、歴史的背景などを鑑み、原文のままとしています。

編者紹介

「言葉と植物」編集班
牧野富太郎の残した数ある著作の中から「心に響く言葉」「勇気が出る言葉」「大事なことを思い出すきっかけになる言葉」を集めるために結成されたライター・編集者チーム。

「好《す》き」を貫《つらぬ》く牧野富太郎《まきのとみたろう》の言葉《ことば》

2023年4月30日　第1刷

編　　者　「言葉《ことば》と植物《しょくぶつ》」編集班《へんしゅうはん》
発 行 者　小澤源太郎

責任編集　株式会社 プライム涌光
電話　編集部　03(3203)2850

発 行 所　株式会社 青春出版社
東京都新宿区若松町12番1号 〒162-0056
振替番号　00190-7-98602
電話　営業部　03(3207)1916

印　刷　中央精版印刷　製　本　大口製本

万一、落丁、乱丁がありました節は、お取りかえします。
ISBN978-4-413-11396-0 C0030